VENTE

Des 29 et 30 Novembre 1909

HOTEL DROUOT, SALLE N° 6

à deux heures

SUCCESSION

Gustave JACQUET

Mes E. BOUDIN & F. LAIR-DUBREUIL

COMMISSAIRES-PRISEURS

MM. DUCHESNE & DUPLAN

EXPERTS

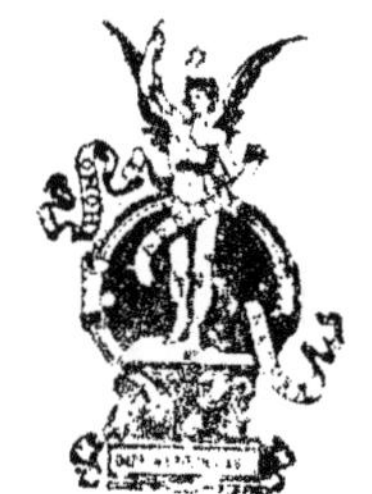

CATALOGUE

D'ANCIENS

COSTUMES

DE FEMMES, D'HOMMES ET D'ENFANTS

ROBES, JUPES, CORSAGES, HABITS, VESTES, ETC.

GANTS — SOULIERS — COIFFURES

Lingerie — Dentelles — Objets divers d'Habillement

DES XVIIe, XVIIIe ET XIXe SIÈCLES

ARMES ET ARMURES

ÉTOFFES ANCIENNES

Ayant en partie figuré à l'Exposition du Costume

ANCIENS INSTRUMENTS DE MUSIQUE

ARGENTERIE

MEUBLES ET OBJETS DE VITRINE

LIVRES ANCIENS ET MODERNES

GRAVURES — PHOTOGRAPHIES

LE TOUT DÉPENDANT

De la succession de M. GUSTAVE JACQUET

ARTISTE PEINTRE

Dont la vente aura lieu, après décès

HOTEL DROUOT, SALLE N° 6

Les Lundi 29 et Mardi 30 Novembre 1909, à 2 heures

COMMISSAIRES-PRISEURS

Me E. BOUDIN
14, rue de la Grange-Batelière

Me F. LAIR-DUBREUIL
6, rue Favart

EXPERTS

MM. DUCHESNE & DUPLAN, 10, rue Rossini

EXPOSITION PUBLIQUE

Le Dimanche 28 Novembre 1909, de 2 heures à 5 heures 1/2

CONDITIONS DE LA VENTE

Elle sera faite au comptant.

Les adjudicataires paieront *dix pour cent* en sus des enchères.

L'exposition mettant le public à même de se rendre compte de l'état et de la nature des objets, aucune réclamation ne sera admise une fois l'adjudication prononcée.

Paris — Imp. de l'Art, Ch. Berger, 41, rue de la Victoire.

ORDRE DES VACATIONS

Lundi 29 Novembre 1909

Costumes et Étoffes.

Mardi 30 Novembre 1909

Livres, Étoffes, Argenterie, Armes, Instruments de musique, Meubles et Objets divers.

NOTA. — Les dimensions indiquées au présent Catalogue ne sont données qu'à titre d'indication.

DÉSIGNATION

COSTUMES DE FEMMES ET ENFANTS

PIÈCES DIVERSES D'HABILLEMENT

VESTES ET CORSAGES

1 — Belle veste Louis XV en soie lamée or et argent, brochée de bouquets de fleurs. Basques avec pochettes et manches à parements.

2 — Beau corsage Louis XV en soie brochée, fond vert-bouteille à fleurs et feuillages, et lamée d'argent. Modèle à basques; manches à parements.

3 — Belle veste Louis XV en brocart, fond rouge à fleurs et ramages, avec basques à pochettes et manches longues.

4 — Veste Louis XV en soie brochée à fleurs et lamée d'or, fond blanc; forme à grandes basques, avec poches et manches à parements.

5 — Petite veste Louis XV, avec ses basques à poches et ses boutons, en soie bleu clair lamée d'or.

6 — Corsage de fillette Louis XVI en soie côtelée bleue à raies et brochée, avec sa garniture en passementerie.

7 — Corsage Louis XVI, avec son devant en soie côtelée bleu clair. Il a sa garniture de dentelle et sa passementerie.

8 — Corsage Louis XVI en soie rose à raies brochée de bouquets de fleurs, garni d'un volant plissé.

9 — Corsage Louis XV à petites basques en soie brochée à fleurs, fond lilas, lamée d'or et d'argent.

10 — Corsage en soie brochée à fleurs, fond bleu ciel. Louis XV.

11 — Petit corsage Louis XV à basques en soie brochée à fleurs, fond rose.

12 — Petit corsage en soie rose. Louis XVI.

13 — Corsage en soie brochée à fleurs, fond blanc. Louis XVI.

14 — Petit corsage Louis XVI en soie changeante, gorge de pigeon.

15 — Corsage Louis XVI en soie péquinée grise, devant forme gilet à pattes.

16 — Corsage en soie fond blanc, décor à tons fondus. Louis XVI.

17 — Corsage en soie moirée fond rose, à bouquets de fleurs et rayures. Louis XVI.

18 — Corsage à basque en brocart, décor à fleurs et feuillages. Louis XV.

19 — Corsage Louis XV en soie mauve brochée à fleurs.

20 — Corsage en soie verte pointillée, brochée à fleurs. Forme Directoire.

21 — Veste Louis XV en soie rouge cerise lamée d'or à grands ramages; longues basques et manches à parements.

22 — Petite tunique en soie de fantaisie vert d'eau. Forme Directoire.

23 — Justaucorps en soie grise brochée à fleurs vertes. Forme Louis XV.

24 — Petit corsage Louis XVI en soie fond rose; motif rayé blanc à fleurettes.

25 — Corsage Louis XVI en soie brochée, rayures à tons fondus, garnie de volants plissés et de sa passementerie.

26 — Corsage en soie à rayures mulicolores, à tons fondus, garnie de plissés et de passementerie. Louis XVI.

27 — Petit corsage, forme Empire, en soie jaune brochée.

28 — Corsage en soie mauve Louis XV, brochée à branchages fleuris. Manches longues et basques.

29 — Petit corsage en soie brochée, fond changeant. Devant fermant avec pattes, forme Louis XVI.

30 — Corsage Louis XVI en soie rose à carreaux, basques plissées.

31 — Corsage Louis XVI en soie jaune bouton d'or à rayures lilas, garni de plissés et de passementerie.

32 — Corsage Louis XV en soie brochée à fleurs, fond bleu.

33 — Corsage en soie brochée à fleurs, fond bleu. Forme fin Louis XV.

34 — Corsage à devant de gilet en soie rayée bleu et blanc. Époque de la Révolution.

35 — Corsage en soie Louis XVI à rayures blanches et bleues, et brochée.

36 — Corsage Louis XVI en soie bleu-clair, piquée et ouatée.

37 — Corsage Louis XVI en satin vert d'eau broché à fleurs.

38 — Corsage, forme fin Louis XV, en soie vert-bouteille brodée de fleurettes et garni de dentelles.

39 — Veste à manches en soie verte piquée, avec broderies d'or. Forme Louis XV.

40 — Deux corsages en moire et satin. De formes Louis XIII.

41 — Deux corsages en velours bleu et cerise. Forme Louis XIII.

42 — Justaucorps en brocart deux tons, avec galon d'or. Forme xvie siècle.

43 — Seize corsages en soie, velours, toile, de différentes époques. (Sera divisé.)

44 — Six corsages en toile imprimée à fleurs. Époques Louis XV et Louis XVI.

45 — Lot de corsages et morceaux.

CORPS A BALEINES

ET DEVANTS DE CORSAGES

46 — Corps à baleines en soie brochée à fleurs, fond vert, avec ses manches à parements et sa garniture de passementerie et dentelle. Époque Louis XV.

47 — Petit corps à baleines, garni de soie brochée à fleurs, avec ses bretelles. XVIIIe siècle.

48 — Corps à baleines en différentes étoffes de soie ou de laine. XVIIIe siècle.

49 — Trois corps à baleines, avec manches en soie brochée de tons différents. XVIIIe siècle.

50 — Corps à baleines, avec manches en satin bouton d'or, garni de passementerie et de dentelle d'argent.

51 — Trois corps à baleines, garnis de soie brochée et lamée de tons différents. XVIIIe siécle.

52 — Deux corps à baleines, garnis de soie brochée. XVIIIe siècle.

53 — Corps à baleines en brocart d'argent. Forme Louis XV.

54 — Corps à baleines, forme fin Louis XIV, en drap d'or garni de guipure métallique et de rubans de velours.

55 — Devant de corsage en drap et passementerie d'or, sur fond de soie verte. Époque Régence.

56 — Devant de corsage en soie rose brodée d'argent, décor à rinceaux et feuillages. Époque Régence.

57 — Devant de corsage en soie blanche, brodé d'or. Époque Régence.

58 — Neuf devants de corsages en broderie ou en étoffes diverses. XVIIIe siècle.

ROBES ET JUPES

59 — Costume de chasse, de forme Louis XV, composé d'une veste à poches et parements, et d'une jupe en velours de soie rouge à broderies de rinceaux et feuillages en or. Fin de l'époque Louis XV.

60 — Robe en faille, rose de Chine, Louis XV; corsage décolleté, garni, aux manches et au tour de gorge, de plissés à passementerie; dans le dos, un grand pli droit dit Watteau.

61 — Grande robe Régence en damas de soie cerise, à rinceaux et feuillages, manches plissées à parements.

62 — Costume avec sa jupe, de forme Louis XV, en ancienne soie fond blanc à bouquets de tons fondus.

63 — Corsage et jupe Louis XVI en soie prune à damiers, avec broderie de fleurs, feuillages et paillettes.

64 — Jupe et corsage, de forme Empire, en satin feu.

65 — Grande robe en étoffe fond jaune, brochée à fleurs bleues ; le corsage à petite collerette se boutonnant sur le devant. Genre XVIIe siècle.

66 — Redingote Louis XVI en satin cerise, ouverte sur le devant, les manches garnies de blonde.

67 — Robe Louis XVI en soie fond paille, avec rayures à tons fondus. Manches à volants plissés.

68 — Robe Louis XV en soie bouton d'or, garnie d'un volant plissé, avec un grand pli droit dit Watteau.

69 — Robe, de forme Louis XVI, en soie à raies brunes sur fond gris.

70 — Robe Empire en soie changeante.

71 — Costume Louis XV (redingote et jupe) en soie blanche, garni d'un volant bouillonné et d'un plissé aux manches.

72 — Belle jupe en soie brochée à fleurs, blanc sur noir. Louis XV.

73 — Jupe en satin broché à feuillages, gris argent. Louis XV.

74 — Jupe en satin piqué gris argent. Louis XV.

75 — Jupe en soie brochée fond havane. Louis XV.

76 — Jupe en satin broché, à fleurs vert bronze. Louis XV.

77 — Huit jupes en satin et soie de différentes nuances.

PIÈCES DIVERSES

78 — Deux bourses à perruques.

79 — Trousse et pourpoint en reps de soie jaune, à bandes de velours noir. Forme XVIe siècle.

80 — Trousse à galons lamés d'argent et bordés de velours rouge, sur fond de peau. XVIe siècle.

81 — Un pourpoint en buffle et un gilet de peau garni de galon et de boutons anciens. XVIIe siècle.

82 — Onze pièces diverses : pourpoints, veste, culottes, etc. Forme des XVIe et XVIIe siècles.

83 — Un lot pièces diverses : maillot, manches, devants de pourpoints, etc.

84 — Onze pièces : pourpoint, culote, capuchon, manches et pièces diverses. Formes des XVIe et XVIIe siècles.

MANTELETS, MANTES, PÈLERINES

85 — Petite pèlerine en velours bleu brodé d'argent. Époque Régence.

86 — Deux petites pèlerines en velours noir brodé d'argent. Époque Louis XV.

87 — Mantelet en satin bronze brodé à fleurs. Époque Louis XVI.

88 — Quatre pièces : mante et mantelets. Genre Louis XV.

89 — Cinq pièces : capuchons et mantes. Époque et genre Louis XV.

90 — Trois pièces diverses : mantes et fichu.

COSTUMES D'ENFANTS

91 — Costume d'enfant (vers 1750) bleu, brodé d'argent. Il est composé d'un justaucorps à paniers et d'une culotte à la hussarde.

(*A figuré à l'Exposition du Costume.*)

92 — Curieuse brassière d'enfant en satin cerise, brodé d'or. Époque Régence.

93 — Petit corset d'enfant, garni de soie brochée. Louis XV.

94 — Deux petites robes de poupée en soie brochée et brodée. Époque Louis XV.

95 — Petit habit d'enfant en reps de soie souris. Époque Louis XV.

96 — Petit habit d'enfant en soie grise brodée à fleurs. Époque Louis XV.

97 — Petit habit d'enfant en soie bleue brochée à fleurs. Époque Louis XVI.

98 — Culotte de velours côtelé et petite veste de velours bleu. Forme Louis XVI.

99 — Deux justaucorps d'enfant en satin et panne. Formes Louis XIII.

OMBRELLES ET CANNES

100 — Ombrelle en soie cerise, manche en bois. Époque Louis XVI.

101 — Ombrelle, manche en ivoire, monture métallique argentée, soierie saumon. Fin du XVIIIe siècle.

102 — Deux petites ombrelles. XIXe siècle.

103 — Ombrelle en dentelle, à manche en ivoire.

101 — Grande canne Louis XV, à béquille : cariatide d'homme en bronze.

105 — Grand jonc à pomme en porcelaine décorée. Époque Louis XVI.

106 — Aumônière en velours, avec long manche. XVIIIe siècle.

107 — Escarcelle, velours violet, à garnitures d'or. Fin XVIe siècle.

(*A figuré à l'Exposition du Costume.*)

GANTS

108 — Paire de gants, peau rouge. XVIIIe siècle.

109 — Paire de gants en peau de daim, piqués et brodés d'or. Époque Louis XV.

110 — Paire de mitaines en Suède. XIXe siècle.

111 — Paire de gants de peau rose, avec broderie sur le dessus. XIXe siècle.

112 — Deux paires de gants et une paire de mitaines en fil de soie. XIXe siècle.

COIFFURES

113 — Chapeau de femme en paille, à large bord et calotte basse, orné d'une passementerie de paille sur ruban de soie verte. Époque Louis XV.

114 — Bonnet d'heiduque pour enfant, brodé d'argent, à plaque armoriée.

(*A figuré à l'Exposition du Costume.*)

115 — Chapeau d'homme en peluche longue havane, avec ruban multicolore et boucle. XIXe siècle.

116 — Turban indien en satin vert, avec écharpe d'or, et deux bonnets orientaux brodés d'or.

117 — Lot de chapeaux, toques. Formes de diverses époques.

118 — Perruque brune de l'époque Louis XIV.

119 — Perruque blonde. Forme Régence.

120 — Dix coiffes et bonnets à trois pièces, d'enfant et de femme, en soie et soierie brodée.

SOULIERS

SOULIERS DE FEMMES

121 — Paire de souliers de velours rouge. XVIIe siècle.

122 — Soulier en cuir noir avec son socque. XVIIIe siècle.

(*A figuré à l'Exposition du Costume.*)

123 — Paire de mules en velours noir brodé d'argent. Époque Louis XV.

124 — Paire de souliers de cuir avec boucles argentées (paysanne). Époque Louis XV.

125 — Paire de souliers en velours noir, à boucles argentées. Époque Louis XV.

126 — Paire de souliers en peau jaune, avec application de petits rubans assortis. Époque Louis XV.

127 — Paire de souliers en velours blanc, avec soutache et galon métallique. XVIIe siècle.

128 — Paire de souliers en soie brochée bleu ciel, brodée d'argent. Époque Louis XV.

129 — Paire de souliers en soie blanche, brodée d'argent et de soie. Époque Louis XV.

130 — Paire de souliers en peau, avec application de petits galons verts. Époque Louis XV.

131 — Paire de souliers en peau rouge, brodée d'argent, avec petites boucles d'argent. Époque Louis XV.

132 — Paire de mules en satin broché vert, avec broderie d'or et d'argent. Époque Louis XV.

133 — Paire de souliers en peau blanche. Époque Louis XVI.

134 — Paire de souliers en soie rose brochée, avec application de cuir. Époque Louis XVI.

135 — Paire de demi-bottes en peau chamois, bouclées sur le côté. Époque Louis XIII.

136 — Sept paires souliers divers. Époques Louis XV et Louis XVI.

SOULIERS D'ENFANTS

137 — Paire de bottes Louis XV pour enfant. Elles sont en cuir de Russie, à pointe relevée.

(*Ont figuré à l'Exposition du Costume.*)

138 — Paire de petits souliers d'enfants en cuir noir bordé de cuir blanc. Époque Louis XV.

SOULIERS D'HOMMES

139 — Un lot de souliers. Formes de diverses époques.

140 — Un lot de souliers chinois, indiens, vénitiens et russes.

DENTELLES ET LINGERIE

141 — Un lot de dentelles de Venise, de Bruges, d'application. (Sera divisé.)

142 — Un lot de manches garnies de dentelles anciennes ou de broderies.

143 — Un lot de bonnets en lingerie ou garnis de dentelles anciennes.

144 — Un tablier et un fichu d'enfant en soie brodée. Époque Louis XVI.

145 — Un lot de lingerie : chemises, fichus, collerettes, etc. Anciens en partie.

146 — Un lot d'écharpes orientales et autres.

COSTUMES D'HOMMES

MANTEAUX — PIÈCES DIVERSES

COSTUMES D'HOMMES

147 — Bel habit de cour en gros grain, fond gris lamé d'argent, avec riche broderie d'or et d'argent fins. Boutons assortis; doublé de moire blanche. Époque Régence.

148 — Habit et culotte de cour en drap d'argent, avec boutons assortis et doublure de soie verte. Époque de la Régence.

149 — Habit, veste et culotte de cour en velours ciselé bleu ciel lamé d'argent, boutons assortis. Époque Louis XV.

150 — Justaucorps d'acteur en velours vert, couvert de grosses broderies d'or en relief et brodé de franges d'or. XVIIe siècle.

(*A figuré à l'Exposition du Costume.*)

151 — Habit en satin blanc broché, de forme Louis XV, garni de boutons de l'époque.

152 — Habit en velours noir, avec application de passementerie d'or. Époque Louis XV.

153 — Habit et culotte Louis XVI en satin mauve uni.

154 — Veste et culotte de fantaisie en satin mauve, broché à fleurs d'or.

155 — Veste Louis XV en toile blanche soutachée.

156 — Gilet de chasse en velours rouge, garni d'un galon d'or. Louis XV.

157 — Deux gilets Louis XVI en soie brodée.

158 — Petit justaucorps en moire bleue, garnie d'un galon d'argent, boutons assortis, emmanchures à lacets. Époque Louis XV.

159 — Petit justaucorps en brocart d'or, avec sa garniture de boutons assortis. Louis XV.

160 — Petit justaucorps en satin broché bleu ciel. Louis XV.

161 — Petit justaucorps et culotte en soie à raies mauves et jaunes, brochée à fleurs. Genre fin Louis XV.

162 — Deux petits justaucorps et une culotte en soie et satin, de nuances différentes.

163 — Deux vestes en étoffes diverses.

164 — Veste avec longs plis sur les manches en brocart doré. Forme Louis XIII.

MANTEAUX

165 — Manteau de satin, brodé de cannetille d'argent et or. Travail français, XVIIe siècle.

(*A figuré à l'Exposition du Costume.*)

166 — Manteau de brocart d'argent, à décoration de chevrons et fleurons alternés, avec fentes pour le passage des bras.

(*A figuré à l'Exposition du Costume.*)

167 — Manteau en étoffe de soie bouton d'or lamée d'or. Genre XVIIe siècle.

168 — Manteau en étoffe de soie bouton d'or lamée d'or. Genre XVIIe siècle.

169 — Manteau court de cérémonie en velours bleu-vert, soutaché et orné de paillettes, décor à palmes. Commencement du XIXe siècle.

170 — Un lot de culottes, pourpoint, vestes, bas en peau. Formes de diverses époques.

COSTUMES ORIENTAUX

171 — Grand manteau à manches de radjah, en étoffe rouge très richement brodée d'or. Travail indien.

172 — Costume de danseuse indienne : robe en mousseline violette lamée et sâhri en mousseline rouge également lamée.

173 — Trois robes orientales d'hommes en velours rouge, violet et noir, avec broderies d'or. (Sera divisé.)

174 — Onze pièces : pantalons, blouses, etc., chinois. (Sera divisé.)

175 — Deux blouses indiennes en étoffes lamées, à décors multicolores.

176 — Un lot de pièces diverses indiennes : jupes, pantalons, chemises, etc.

177 — Quatorze corsages de femmes indiennes.

178 — Six pièces : costumes indiens pour enfants.

ÉTOFFES

179 — Important lot de velours anciens, de couleurs rouge et ponceau.

180 — Deux parties de robe en ancien velours rouge.

181 — Lot de morceaux de velours de différentes nuances.

182 — Portière en satin damassé crème, avec broderies polychromes de soie et de fils métalliques : sujets à personnages orientaux, fleurs et oiseaux. Travail portugais.

Haut., 2 m. 50 cent. ; larg., 1 m. 50 cent.

183 — Couvre-lit en ancien satin crème piqué et doublé de soie bleue.

Long., 2 m. 70 cent ; larg., 2 m. 20 cent.

184 — Deux portières en satin de Chine rouge, à broderies polychromes.

Haut., 2 m. 70 cent. ; larg., 1 m. 90 cent.

185 — Panneau en ancien taffetas vert d'eau, à broderie de fleurettes d'argent.

186 — Tenture de mosquée en velours, avec bandes de satin brodé et bordures.

187 — Panneau en ancien damas vert. Époque Louis XV.

188 — Panneau en ancien satin broché ; fond rose,

189 — Grand panneau en ancien damas rouge.

Haut., 2 m. 80 cent.; larg., 3 m. 60 cent.

190 — Lambrequin en même damas.

191 — Panneau en ancien damas rouge.

Long., 2 m. 90 cent.: larg., 2 m. 10 cent.

192 — Quatre rideaux en ancien damas rouge.

193 — Important lot de morceaux d'ancien damas de soie rouge.

194 — Panneau en ancien damas de soie rouge, avec bordures de broderies d'argent à rinceaux. Époque Louis XV.

Haut., 2 m. 10 cent.; larg., 1 m. 55 cent.

195 — Un lot de taffetas, ancien *quinze-seize* de couleur cerise.

196 — Coupe de foulard indien à bandes et dessins havanes sur fond crème.

197 — Grand panneau en ancienne soie brochée et lamée, dessins à fleurs et palmes sur fond brun.

Haut., 2 m. 40 cent.; larg., 2 mètres.

198 — Grand voile indien tissé d'or ; motif à bandes feuillagées.

Long., 3 m. 25 cent. ; larg., 1 m. 65 cent.

199 — Deux morceaux en satin saumon lamé d'or ; dessin à palmes et fleurettes.

200 — Lot de morceaux de drap d'or et soie lamée, de couleur verte et jaune.

201 — Grand morceau de faille prune lamée d'argent.

202 — Deux grands morceaux en ancien damas de soie jaune.

203 — Morceau de robe en ancien satin broché à fleurs ; fond blanc. Époque Louis XVI.

204 — Tapis de table à jeu en ancienne tapisserie au point et petit point. Sujet à personnages, cartes et attributs. XVIIIe siècle.

205 — Deux lambrequins en ancienne soierie jaune, rouge et verte, à bandes alternées.

206 — Lot de morceaux d'étoffes de soieries anciennes.

207 — Autre lot d'étoffes semblables.

208 — Lot de morceaux d'anciennes soieries brochées et autres.

209 — Deux grands panneaux en ancien damas de soie rouge, montés en tentures orientales, avec bandes jaunes.

210 — Six panneaux en ancien velours ciselé de Scutari.

211 — Un lot de morceaux, bandes soutachées et velours.

212 — Important lot de morceaux de brocatelle ancienne.

213 — Un lot très important de passementeries et galons d'or et d'argent anciens et modernes. (Sera divisé.)

214 — Autre lot de broderies, dentelles.

215 — Lot de six aumônières en étoffe de soie brodée. XVIIIe siècle.

INSTRUMENTS DE MUSIQUE

216 — Musette doublée en velours pailleté, à garniture en ivoire, avec son soufflet. XVIIIe siècle.

217 — Quatre flûtes et flageolets en bois et ivoire. XVIIIe siècle.

218 — Cistre ancien ou cythare, dans son étui en bois d'acajou.

219 — Mandoline portant la marque : *Joseph Filano filius, Donati fecit Neapol. Anno 1782.*

220 — Mandore portant la marque : *Colin à Paris, N. B. F. 1773.*

221 — Basse de viole avec manche en bois sculpté. XVIIe siècle.

222 — Vielle ancienne avec manche en bois sculpté. XVIIIe siècle.

223 — Archi-luth ancien.

224 — Viole de gambe.

225 — Grand luth portant la marque : *Georg Aman-Lauten und Geigenmacher in Augsburg, 1739.*

226 — Luth dans son étui, portant la marque : *Johann Caspar Kreustner. Salzburg.* XVIIIe siècle.

227 — Timbale, tambour, instruments divers. XVIIIe siècle.

ARMES, ARMURES
ET HARNACHEMENTS

228 — Fragment de bandoulière d'arquebusier avec son sac à balles et sa poudrière. Travail probablement français, XVIe siècle.

(*A figuré à l'Exposition du Costume.*)

229 — Dague. Travail français, époque Henri III.

(*A figuré à l'Exposition du Costume.*)

230 — Débris d'un pendant et d'une ceinture d'épée. Commencement du XVIIIe siècle.

(*A figuré à l'Exposition du Costume.*)

231 — Sept pièces : bois de lances, piques, hallebarde, etc.

232 — Épée espagnole avec garde ajourée, quillon recourbé en fer forgé. XVIIe siècle.

233 — Grande épée, garde dorée et repercée.

234 — Grande épée à lame triangulaire, garde à quillon droit, fusée en bois. XVIe siècle.

235 — Épée allemande, garde et poignée en fer, coquille repercée et ajourée.

236 — Une épée d'enfant, un couteau de chasse. XVIIIe siècle.

237 — Épée d'époque Louis XV, poignée à fusée d'argent, garde en bronze argenté; lame signée: *De Saint Michel, à Paris.*

238 — Trois petites épées d'enfant. Époque Louis XV.

239 — Quatre épées. XVIIIe siècle.

240 — Deux couteaux de chasse avec leur ceinture en buffle et velours. Époque Louis XV.

241 — Deux couteaux de chasse, de forme recourbée. Travail allemand, XVIIIe siècle.

242 — Trois sabres orientaux.

243 — Couteau présentoir à manche en ivoire sculpté, monture en argent.

244 — Petite arquebuse de cavalier à rouet. XVIIe siècle.

245 — Trois fusils. XVIIIe siècle.

246 — Trois pistolets. XVIe et XVIIIe siècle.

247 — Partie d'armure en fer : gorgerin, épaulières et brassards.

248 — Deux gantelets d'armure en fer.

249 — Chanfrein d'armure. XVIe siècle.

250 — Salade, gorgerin et dossière.

251 — Deux manches de mailles et deux brassards orientaux.

252 — Un lot : ceinturons et pendants d'épée d'époque ou de style xvie siècle.

253 — Un lot de baudriers et de banderoles d'époque ou de style xvie siècle.

254 — Un lot : étriers, fers de lances, brides, mors et pièces de harnachements anciens et modernes.

255 — Bride et harnachement en velours rouge, avec bouclerie et garniture en cuivre repoussé et argenté. xviiie siècle.

256 — Gibecière, dessus de selle et aumônière en velours brodé. xviiie siècle.

257 — Lot d'objets divers.

258 — Trois selles d'homme et de femme ; couvertes en cuir ou en velours. xvie et xviie siècles.

ARGENTERIE ET PLAQUÉ

ARGENTERIE

259 — Aiguière et son bassin en ancien argent, ornés de ciselures en partie en relief, dans le goût du XVIIIe siècle. L'aiguière est couverte et le bouton du couvercle figure un cygne; le déversoir est orné d'un mascaron d'homme barbu couronné de roseaux. La panse offre des guirlandes à nœuds de ruban supportant une armoirie à double écusson; à la base, des roseaux et un tors de laurier. Le bassin, à bords contournés, est orné de rinceaux fleuris et d'armoiries. *Aix, 1772.*

260 — Grand plat creux, de forme circulaire, en argent, époque Louis XV. Il est à godrons contournés et alternés avec, à l'ombilic, un motif à rocailles fleuries et, sur les bords, un décor semblable.

261 — Verseuse en plaqué, de l'époque Louis XV, décor à godrons contournés.

262 — Ancienne aiguière, forme casque, en métal argenté.

263 — Paire de mouchettes, avec leur plateau, en métal argenté.

MEUBLES

264 — Buffet à deux corps, le bas s'ouvrant à deux vantaux, époque de la Renaissance ; le haut moderne, à deux vantaux vitrés.

265 — Armoire, à deux portes pleines, en chêne sculpté à rosaces, XVIIe siècle.

266 — Commode en marqueterie de bois clair. Elle est à trois tiroirs et ornée de chutes, poignées et sabots en bronze. Dessus de bois, ceinture de cuivre. Commencement du XVIIIe siècle.

267 — Bibliothèque à rayons en noyer sculpté.

268 — Coffre en chêne sculpté, à cariatides d'hommes, pieds à griffes. XVIIe siècle.

269 — Coffre en noyer sculpté, panneau à cariatides de femmes, feuillages et inscriptions. XVIIe siècle.

270 — Petit meuble de chevet en noyer. Époque Louis XV.

271 — Coffre en noyer, devant et côtés à panneaux sculptés à palmes et feuillages. XVIIe siècle.

272 — Meuble hollandais, de forme mouvementée, en marqueterie, le bas s'ouvrant à trois tiroirs et le haut à abattant formant bureau. XVIIIe siècle.

273 — Commode à trois tiroirs, de forme contournée, en laque, fond noir. Époque Louis XV.

274 — Bureau plat en bois de violette. Chutes, sabots et ornements en bronze doré. Style Louis XV.

275 — Table carrée, à quatre pieds-colonnes, réunis par des entrejambes. Époque Louis XIII.

276 — Table-étagère, de forme carrée, à pieds tors. Époque Louis XIII.

277 — Table-console en bois sculpté et doré. Dessus en marbre blanc. Époque Louis XVI.

278 — Console en bois sculpté et doré. Dessus en marbre blanc. Époque Louis XV.

279 — Petite table à pieds cambrés. Dessus à plateau. Bois redoré. Époque Louis XV.

280 — Table à quatre pieds à colonnes et entrejambes.

281 — Grande table carrée en chêne, à entrejambes.

282 — Paravent à cinq feuilles en ancien cuir genre de Cordoue.

283 — Paravent à six feuilles en damas de soie rouge et vert, avec applications.

SIÈGES

284 — Meuble de salon en bois sculpté et doré à rocailles et rinceaux, couvert en soieries diverses, composé d'un petit canapé et quatre chaises. Italie, époque Louis XV.

285 — Deux fauteuils en noyer sculpté. Époque de la Renaissance.

286 — Huit chaises en noyer, dossiers et sièges couverts en cuir, décor à rinceaux et armoiries, ornés de gros clous en cuivre. XVIIe siècle.

287 — Deux tabourets en bois sculpté et peint blanc. Époque Louis XV.

288 — Tabouret, en forme d'X, couvert en ancien velours rouge.

289 — Tabouret à dossier et pieds à croisillons en bois sculpté redoré. XVIIe siècle.

290 — Saut-de-lit en bois sculpté et doré, époque Louis XV, recouvert en velours de Gênes.

291 — Saut-de-lit en bois sculpté et doré, époque Louis XV, couvert en soierie bleue.

292 — Petit tabouret de pied en noyer sculpté. Époque Louis XV.

293 — Six chaises en acajou, forme Directoire, pieds à griffes.

BOIS SCULPTÉS

CADRES — GLACES

294 — Deux grandes colonnes en bois sculpté et peint simulant le marbre, avec chapiteaux corinthiens en bois sculpté et doré.

295 — Balustrade en bois et peint simulant le marbre.

296 — Bandeau de cheminée, avec frise en bois sculpté à amours, rinceaux et écussons. Style de la Renaissance.

297 — Deux pilastres en bois sculpté, peint et doré. XVIIIe siècle.

298 — Deux dessus de porte en bois sculpté et redoré. XVIIIe siècle.

299 — Deux panneaux en bois sculpté : amours soulevant des draperies. Travail italien, XVIIIe siècle.

300 — Écusson en bois sculpté et doré. Époque Louis XV.

301 — Petit trophée en bois sculpté et doré.

302 — Ancienne poupée en bois sculpté.

303 — Buste d'amour en bois sculpté. Époque Louis XV.

304 — Petite console d'applique en bois sculpté. Époque Louis XV.

305 — Quatre grandes glaces à cadres dorés.

306 — Glace psyché en bois sculpté et redoré, fronton à attributs. Époque Louis XVI.

307 — Glace, cadre doré à fronton. Style Louis XV.

308 — Glace en bois sculpté doré et rechampi à médaillon et guirlandes. Époque Louis XVI.

309 — Glace avec cadre en bois sculpté, fronton à coquille et guirlandes de fleurs, attributs sur les côtés.

310 — Glace en bois sculpté redoré, fronton à trophée guerrier.

BRONZES, MÉTAUX

311 — Brûle-parfums en bronze argenté, formé par un groupe de deux ibis sur un rocher. Travail oriental.

312 — Statuette de Boudha en bronze ciselé et doré, avec incrustations de turquoises.

313 — Lustre ancien hollandais à douze lumières en cuivre poli.

314 — Deux landiers en cuivre poli, à mascarons de têtes d'anges. Époque Louis XIII.

315 — Paire de chenets en bronze à rocailles et rinceaux, surmontés de statuettes d'enfants. Époque Louis XV.

316 — Brûle-parfums en ancien bronze repercé, gravé et doré, de la Perse.

317 — Vase en ancien bronze niellé, à col évasé. Travail chinois.

318 — Trois bronzes chinois : cheval, porte-bouquet et jardinière.

319 — Petit canon en bronze. XVIIIe siècle.

320 — Trois verseuses en cuivre poli. XVIIe siècle.

321 — Seau couvert en cuivre rouge gravé. Époque Louis XIII.

322 — Lot de vaiselle d'étain : plats, soupières, verseuses, légumiers. En grande partie d'époque Louis XV.

PORCELAINES, FAIENCES

GRÈS

323 — Grande potiche en porcelaine de Chine, décor bleu sur blanc.

324 — Potiche à pans en porcelaine de Chine, décor bleu sur blanc, forme balustre.

325 — Deux potiches couvertes en porcelaine du Japon.

326 — Un lot de plats, assiettes, vases en anciennes faïences de Rouen, Strasbourg, Delft.

327 — Grand vase à anse en grés allemand.

328 — Grand vase en terre cuite, à deux anses, hispano-mauresque.

329 — Vase en ancien grès craquelé, emboité dans une monture en ancienne laque rouge.

330 — Trois pichets en grès, porcelaine et verre.

331 — Tête de femme antique en terre cuite.

OBJETS DIVERS

OBJETS DE VITRINE, BIJOUX

332 — Coffret en velours vert, frappé à écoinçons, entrée de serrure en bronze et doré. Travail italien, XVIIe siècle.

333 — Petit coffret, formant écritoire; cuir gravé, orné de coins en cuivre. XVIIe siècle.

334 — Petit coffret, couvert en velours rouge, ornements en cuivre gravé et doré.

335 — Petit coffret, formant écritoire, en bois des îles; plaque de serrure en argent.

336 — Deux petits coffrets anciens : l'un en cuir gravé, l'autre couvert en velours.

337 — Cinq coffrets divers en bois, cuir, fer.

338 — Trophée d'armes et d'instruments de musique d'Orient.

339 — Médaillon ovale, en relief, en marbre : Tête de César laurée.

340 — Maquette de temple. XVIIIe siècle.

341 — Ancien verre à pied en verre de Bohême gravé.

342 — Chien de Fô en bois sculpté. Travail chinois.

343 — Lot d'éventails.

344 — Petite miniature : Portrait d'homme en habit vert, dans un cadre ovale orné de cailloux du Rhin.

345 — Lot de bijoux orientaux en argent.

346 — Bracelet-gourmette en or, avec plaque en partie émaillée. XVIIe siècle.

347 — Plaques-pendentifs en argent ciselé et repoussé. Travail chinois.

348 — Cadenas chinois en argent, décor en relief à scènes de personnages.

349 — Huit anciennes épingles de coiffure. Extrême-Orient.

350 — Ancienne ceinture de Rajah, avec boucle en argent et plaque gravée, avec incrustations de pierres de couleurs.

351 — Lot d'objets de vitrine.

352 — Deux statuettes d'Amour en porcelaine décorée.

353 — Flambeau en porcelaine blanche, décor en relief.

354 — Pendulette de chevet en cristal de roche gravé, monture en argent ciselé. Travail viennois.

355 — Petit médaillon ancien en terre cuite, à deux profils d'enfants. Genre de Nini.

356 — Cinq netzukés anciens du Japon en ivoire : petits personnages, chiens de Fô et buffles.

357 — Sous ce numéro, objets non catalogués.

LIVRES — GRAVURES

PHOTOGRAPHIES

358 — **Blanc** (Charles). Histoire des Peintres de toutes les écoles. *Paris, Renouard, s. d.* 13 vol. in-4°; fig. demi-rel. chag. grenat.

359 — **Destouches**. Œuvres de théâtre, tome troisième. *Paris, Prault, 1745.* In-12, maroq. citron, fil. dos orné, tr. dorée.

Aux armes de Mme Sophie, fille de Louis XV.

360 — **Eisenberg** (Baron d'). Description du manège moderne dans sa perfection. *Amsterdam, 1759.* In-4° oblong, veau.

361 — **Entrée** (L') triomphale de Leurs Majestés Louis XIV et de Marie-Thérèse, son épouse, dans la ville de Paris; enrichie de figures, harangues et diverses pièces. *Paris, Pierre Le Petit, s. d.* In-fol., veau.

Frontispice de Chauveau, portrait de Louis XIV, 21 planches par Lebrun, Jean Marot, Flamand et Le Pautre.

362 — **La Guerinière**. École de cavalerie. *Paris, Collombat, 1733.* In-fol., fig. de Parrocel, demi-rel.

363 — **Osmund Airy**. Charles II. *Manzi-Joyant, 1901.* In-4°, portr. en couleurs, fig. br.

364 — **Pluvinel.** L'Instruction du Roi en l'exercice de monter à cheval. *Paris, Macé-Ruette, 1629.* In-fol., veau.

Exemplaire incomplet ne contenant que 38 planches de Crispin de Passe.

365 — **Viollet-le-Duc.** Dictionnaire raisonné de l'architecture française des XIe au XVIe siècle. *Paris, Morel, 1873.* 10 vol. in-8o, fig. dem.-rel. chag. rouge.

366 — **Photographies** d'après les tableaux et dessins de Boucher, Fragonard, Lancret, Watteau, Goya, Rubens, Velasquez, Van Dick, etc., etc. Environ 2,000 pièces. (Ce lot sera divisé.)

367 — Sous ce numéro, il sera vendu par lots environ *300 volumes* sur les *Beaux-Arts*, ainsi que diverses *gravures* des XVIIIe et XIXe siècles.

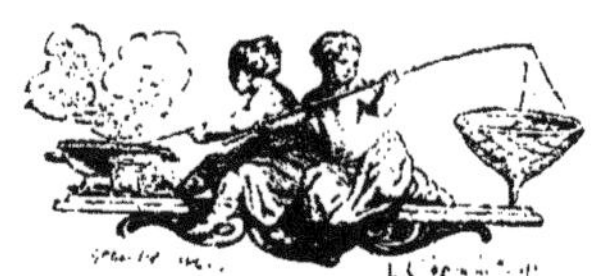

www.ingramcontent.com/pod-product-compliance
Ingram Content Group UK Ltd.
Pitfield, Milton Keynes, MK11 3LW, UK
UKHW020452180726
13839UKWH00004B/1778

9 782329 551883